EINFACH GUT

Angelika Ilies

Vegetarisches aus dem Wok

FALKEN

Inhalt

Zu diesem Buch

Im Wok, der typisch chinesischen Pfanne, können Sie kochen, dämpfen, schmoren, fritieren. Am besten geeignet ist diese tiefe Pfanne jedoch für eine ganz besondere Garmethode – für das Rührbraten. Kleingeschnittene Zutaten werden unter ständigem Rühren und Wenden bei starker Hitze gebraten – sie sind im Nu gar.
Für gutes Gelingen ist eine sorgfältige Vorbereitung unverzichtbar. Alle Zutaten müssen fix und fertig bereitstehen, wenn Sie mit dem Kochen beginnen. Ist der Wok erst einmal erhitzt, geht alles blitzschnell vonstatten. Zum Putzen oder Kleinschneiden bleibt dann keine Zeit mehr.
Die Wan-Tan-Gerichte in dem Kapitel Vorspeisen und Suppen sind für 4 Personen, alle übrigen in diesem Buch sind für 2 Personen berechnet. Möchten Sie Gäste mit Köstlichkeiten aus dem Wok bewirten, können Sie die Zutatenmengen nach Belieben entsprechend erhöhen. Noch spannender aber ist es, Sie bereiten zwei oder drei verschiedene Gerichte zu, beispielsweise eines mit Reis, eines mit Nudeln und eines mit Gemüse oder Tofu. Da alles vor dem Eintreffen der Gäste vorbereitet wird und später schnell gar ist, können Sie das Mahl gemeinsam mit den Gästen genießen.
Asiaten kochen und essen gesünder als wir. Durch die kurzen Garzeiten bleiben Geschmack und Aromen, Vitamine und Mineralstoffe gut erhalten. Frisches Gemüse, der eiweißreiche Tofu, Reis und verschiedene Nudeln sind besonders beliebt – natürlich gibt es entsprechend viele Rezepte dafür.
In diesem Buch finden Sie Rezepte mit typisch europäischen Zutaten ebenso wie Klassiker aus Asien. Die Zutaten für diese fremdländischen Genüsse bekommen Sie in speziellen Asienläden, inzwischen glücklicherweise oft sogar in gutsortierten Supermärkten. Gibt es in Ihrem Ort keinen Asienladen, bringen Sie sich beim nächsten Besuch einer Großstadt Zutaten mit – die meisten sind lange haltbar. Oder erkundigen Sie sich im Chinarestaurant, das es gewiß auch bei Ihnen gibt. Dort hilft man Ihnen gewiß gern mit Gewürzen oder anderen Zutaten weiter.
Über jedem Rezept finden Sie neben dem Stichwort zur Geschmacksorientierung eine Angabe zur Zubereitungszeit. Wir rechnen:
schnell = Zubereitungszeit bis 1/2 Stunde;
braucht Zeit = Zubereitungszeit bis 1 1/2 Stunden.
Des weiteren gibt es für Figurbewußte eine Kalorienangabe und für perfekte Genießer Vorschläge für eine entsprechende Beilage oder ein passendes Getränk.
In der Zubereitungszeit wird vorausgesetzt, daß Früchte, Gemüse und Kräuter bereits gewaschen und geputzt sind.

Und nun viel Freude mit den folgenden Gerichten aus dem Wok.

Abkürzungen:

EL	=	Eßlöffel (gestrichen)
TL	=	Teelöffel (gestrichen)
Msp.	=	Messerspitze
TK-...	=	Tiefkühl-...
l	=	Liter
ml	=	Milliliter
kg	=	Kilogramm
g	=	Gramm
kcal	=	Kilokalorien
ca.	=	circa
Min.	=	Minute(n)
Std.	=	Stunde(n)

Die Kalorienangaben beziehen sich immer auf 1 Portion.
Die Anordnung der Gerichte auf den Fotos entspricht der Reihenfolge der Rezepte auf der Seite.

Der Wok

Der Wok ist das Herzstück der chinesischen Küche. Das Wort Wok stammt aus dem Kantonesischen und bedeutet schlicht »Kochgefäß«. Der klassische Wok ist eine tiefe eiserne Bratpfanne, die für das Garen über offenem Feuer gedacht ist und daher einen gewölbten Boden hat. Diese Art von Geräten kann mit Hilfe eines Metallrings auch auf Gasherden benutzt werden.
Erfunden wurde dieses Gargerät in China – der Grund war der Mangel an Brennmaterial. Es stand nur eine Feuerstelle zur Verfügung, alles mußte darüber in einem Gefäß gegart werden. Um die Hitze optimal auszunutzen, wurde der Wok rund gehämmert und direkt über die Feuerstelle gehängt. Zutaten wurden kleingeschnitten, so waren sie in kürzest möglicher Zeit gar.
Für Elektroherde mit Guß- oder Keramikplatten brauchen Sie einen Wok mit plangearbeitetem Boden, der sich auch für Gasherde eignet.
Dünnwandige Woks leiten die Hitze schnell nach innen und kühlen ebenso schnell wieder ab, wenn man sie vom Herd nimmt. Sie entsprechen den ursprünglichen Woks am ehesten. Moderne Woks, wie z. B. von der Firma SIGG, bestehen aus Gußeisen oder aus einem speziellen mehrschichtigen Material (innen und außen Chromnickelstahl und im Kern Aluminium). Sie benötigen eine längere Anheizzeit, halten allerdings die Hitze länger. Damit die Zutaten nicht übergaren, müssen fertige Speisen rasch aus dem Wok genommen werden.
Woks in Kombination mit einem Rechaud, wie sie z. B. von der Firma SIGG angeboten werden, eignen sich für den Gebrauch am Tisch. Ein- oder mehrflammige Rechauds dienen zum Warmhalten, nicht aber zum Garen. In Woks mit Elektrorechaud können Sie auch am Tisch garen.

Im folgenden finden Sie nützliche Angaben zum Umgang mit dem Wok sowie zu möglichen Garmethoden.

Umgang mit dem Wok
Vor dem ersten Gebrauch müssen Sie Ihren neuen Wok mit Wasser und etwas Spülmittel auswaschen, gut abtrocknen und dann mit etwas Öl erhitzen, bis es leicht zu rauchen beginnt. Den Wok wieder abkühlen lassen, mit heißem Wasser ausspülen, abtrocknen und mit Öl einreiben. Nach jedem Gebrauch wird der Wok mit Küchenpapier gesäubert, nach Belieben auch mit heißem Wasser gespült und anschließend wieder mit etwas Öl eingerieben. Beschichtete Woks und solche aus Edelstahl müssen nicht mit Öl eingerieben werden.

Unter Rühren braten
Dies ist die typischste Garmethode für den Wok: Kleingeschnittene Zutaten werden blitzschnell unter ständigem Rühren gegart. Zuerst wird Öl – 2 Eßlöffel genügen – im Wok so lange erhitzt, bis es gerade zu rauchen beginnt. Damit alles gleichzeitig gar wird, kommen stets zuerst die Zutaten mit der längsten Garzeit in den Wok. Dann folgen nach und nach alle anderen Zutaten. Zartes wie Blattgemüse erst ganz zum Schluß hineingeben. Angebratenes kann an den Wokrand geschoben und dort warm gehalten werden. Oder es wird herausgehoben und auf einem Teller oder auf dem Rost, der als Zubehör zu den meisten Woks (z. B. SIGG Wok) gehört, abgelegt.

Dämpfen
Der Wok eignet sich bestens für diese gesunde, nährstoffschonende Garmethode. Die Zutaten garen über Wasserdampf im fest verschlossenen Wok.
In Asien- und Haushaltswarenläden bekommen Sie spezielle Dämpfeinsätze aus Bambusgeflecht oder aus Metall. Die vorbereiteten Zutaten werden darauf ausgebreitet. Dann wird etwa 3/4 Liter Wasser im Wok aufge-

kocht, der Dämpfeinsatz hineingestellt und der Deckel des Woks aufgelegt.
Wenn Sie keinen Dämpfeinsatz haben, können Sie auch eine nicht zu hohe hitzebeständige Tasse umgedreht in den Wok stellen und darauf einen Teller mit den zu garenden Zutaten plazieren.

Fritieren
Durch die halbrunde Form des Woks brauchen Sie beim Fritieren weniger Fett als im gewöhnlichen Topf – ansonsten bleibt alles gleich.
Fritieren Sie niemals auf dem Rechaud. Vor allem, wenn viel Fett in den Wok gefüllt wird, ist eine ausreichende Standfestigkeit nicht gegeben. Der Wok gehört beim Fritieren immer auf die Herdplatte.
Verwenden Sie stets ein Fett, das sich hoch erhitzen läßt, ohne zu verbrennen. Gut eignen sich einfache Pflanzenöle (z. B Erdnußöl) oder gehärtete Fette, die oft als sogenannte Fritierfette verkauft werden. Butter und Margarine sowie hochwertige, kaltgepreßte Öle sind höchst ungeeignet, es entstehen beim starken Erhitzen gesundheitsschädliche Stoffe.
Das Fett wird im Wok so lange erhitzt, bis an einem hineingetauchten Holzlöffelstiel kleine Bläschen nach oben steigen. Dann geben Sie die vorbereiteten Zutaten hinein. Nicht zu viele auf einmal, sonst sinkt die Temperatur des Fettes zu stark ab, die Zutaten saugen sich dann zu sehr mit Fett voll. Alles wird unter mehrmaligem Wenden und Beschöpfen mit Fett fritiert und anschließend mit einer Schaumkelle herausgehoben. Lassen Sie das Fritierte vor dem Servieren auf Küchenpapier abtropfen, damit überschüssiges Fett aufgesogen wird.

Kochen und Schmoren
Auch für gewohntes Kochen und Schmoren eignet sich der Wok, beispielsweise werden Suppen im Wok gekocht.
Geschmort werden Zutaten, die nach kurzem »Rührbraten« noch nicht gar sind. Sie werden zuerst in wenig Fett angebraten, dann mit etwas Flüssigkeit (Gemüsebrühe oder Wein) abgelöscht und im mit dem Deckel fest verschlossenen Wok gegart. Zwischendurch muß mehrmals umgerührt werden.

Wan-Tan-Teigplatten

- Für 16 bis 20 Teigplatten
- Zubereitungszeit: ca. 3/4 Std.
- Ruhezeit: ca. 1/2 Std.

VORSPEISEN UND SUPPEN

Kleine Häppchen sind in Asien sehr beliebt – als Vorspeise ebenso wie als Imbiß zwischendurch. Im Wok gelingt alles ganz einfach.
Auch Suppen werden im Wok gekocht. Serviert werden sie in Asien allerdings zumeist als Menüabschluß. Natürlich schmecken sie ebensogut als erster Gang eines Essens.

150 g feines Weizenmehl
1 Ei
1 TL Salz
2 EL Öl

1. Das Mehl mit dem Ei, Salz, Öl und einigen Tropfen Wasser zu einem glatten, geschmeidigen Teig verkneten. Zur Kugel formen, zugedeckt etwa 1/2 Stunde kalt stellen.

2. Den Teig anschließend portionsweise mit einer Nudelmaschine oder auf einer leicht bemehlten Arbeitsfläche hauchdünn wie für einen Strudel ausrollen.

3. Den Teig in 8 bis 10 cm große Quadrate schneiden (16 bis 20 Stück). Die Teigblätter stapeln, dabei jeweils dünn mit Mehl bestäuben, damit sie nicht zusammenkleben.

4. Die Teigplatten mit einem feuchten Tuch oder mit Klarsichtfolie abdecken, damit sie nicht austrocknen und brüchig werden.

Tip:
Fertige Teigplatten gibt es tiefgefroren im Asienladen zu kaufen. Die Platten mit einem feuchten Tuch bedeckt auftauen lassen. Nicht benötigte Platten können später wieder eingefroren werden.

Frühlingsröllchen mit Currylinsen

- Zubereitungszeit: ca. 3/4 Std.
- ca. 360 kcal je Portion
- Dazu paßt süß-saure Sojasauce

16 Wan-Tan-Teigplatten (Rezept Seite 6)
1 EL Mehl, mit etwas Wasser angerührt
1/2 l Öl zum Ausbacken

Für die Füllung:
150 ml Gemüsebrühe
75 g rote Linsen
2 EL Currypulver
2 Frühlingszwiebeln
Salz
1/2 TL gemahlener Kreuzkümmel

1. Die Wan-Tan-Teigplatten zugedeckt auftauen lassen oder zubereiten.

2. Für die Füllung die Brühe aufkochen. Die Linsen und das Currypulver hineinstreuen, die Linsen zugedeckt bei milder Hitze etwa 10 Minuten garen.

3. Die Frühlingszwiebeln in feinste Ringe schneiden, unter die Linsen mischen. Das Gemüse mit Salz und Kreuzkümmel würzen, etwas abkühlen lassen.

4. Nach und nach die Teigblätter ausbreiten, die Ränder mit Mehlwasser bestreichen. Die Füllung auf die Teigblätter verteilen, diese aufrollen, dabei die Seitenränder nach innen einschlagen. Die Nahtstellen festdrücken.

5. Die Röllchen portionsweise im Wok im heißen Öl ausbacken.

BRAUCHT ZEIT
PIKANT

Gedämpfte Wan-Tan

- Zubereitungszeit: ca. 3/4 Std.
- Einweichzeit: ca. 20 Min.
- ca. 250 kcal je Portion
- Dazu paßt scharf gewürzte Sojasauce

Für die Teigplatten:
16 TK-Wan-Tan-Teigplatten oder
1 Rezept Seite 6

Für die Füllung:
5 g getrocknete Mu-Err-Pilze
1 Frühlingszwiebel
50 g Maiskörner (aus der Dose)
1 EL feingewürfelter Ingwer
2 EL Sojasauce, 1 EL Reiswein
frisch gemahlener schwarzer Pfeffer

Außerdem:
1 EL Mehl, mit etwas Wasser angerührt

1. Die Teigplatten zugedeckt auftauen lassen oder nach Rezept zubereiten. Die Mu-Err-Pilze 20 Minuten in warmem Wasser einweichen.

2. Die Frühlingszwiebel in feine Ringe schneiden. Mais und Mu-Err-Pilze abtropfen lassen, die Pilze ohne die Stiele kleinschneiden. Den Ingwer mit Sojasauce, Reiswein und Pfeffer verrühren, mit den Pilzen und dem Gemüse mischen.

3. Die Teigplatten ausbreiten, die Ränder mit Mehlwasser bestreichen. Jeweils 1 gehäuften Teelöffel Füllung darauf setzen, die Ränder der Platten hochnehmen und zusammendrücken. Es sollen kleine Säckchen entstehen.

4. Die Teigtäschchen nebeneinander in das Dämpfkörbchen setzen, ohne daß sie sich berühren. Über Wasserdampf im geschlossenen Wok etwa 10 Minuten garen.
(auf dem Foto oben)

Fritierte Wan-Tan

- Zubereitungszeit: ca. 3/4 Std.
- ca. 380 kcal je Portion
- Dazu paßt Sojasauce

Für die Teigplatten:
16 TK-Wan-Tan-Platten oder
1 Rezept Seite 6

Für die Füllung:
100 g Bohnenkeime
3 Frühlingszwiebeln
1 EL gehackte Cashewkerne
2 EL Reiswein
2 EL Austernsauce
etwas frisches Koriandergrün, gehackt
frisch gemahlener schwarzer Pfeffer
1 EL Öl, 1 TL Speisestärke

Außerdem:
1 EL Mehl, mit etwas Wasser angerührt
1/2 l Öl zum Ausbacken

1. Die Teigplatten zugedeckt auftauen lassen oder nach Rezept zubereiten.

2. Die Bohnenkeime und die Frühlingszwiebeln fein würfeln. Mit Cashewkernen, Reiswein, Austernsauce, etwas Koriandergrün, Pfeffer, Öl und der Speisestärke mischen.

3. Nach und nach die Teigplatten ausbreiten, die Ränder mit Mehlwasser bestreichen. Jeweils etwas Füllung in die Mitte geben, diese in die Teigplatten einschlagen. Die Teigkanten fest zusammendrücken.

4. Das Öl im Wok erhitzen, die Wan-Tan darin nach und nach goldgelb ausbacken. Mit einer Schaumkelle herausheben und auf Küchenkrepp abtropfen lassen.
(auf dem Foto unten)

BRAUCHT ZEIT · CHINESISCH

BRAUCHT ZEIT · FEIN-WÜRZIG

Miniröllchen mit Tofu

- Zubereitungszeit: ca. 3/4 Std.
- ca. 320 kcal je Portion
- Dazu paßt Sojasauce

Für die Teigplatten:
16 TK-Wan-Tan-Teigplatten oder
1 Rezept Seite 6

Für die Füllung:
1 feingehackte Knoblauchzehe
1 TL geriebener Ingwer
2 EL Sojasauce
50 g Tofu
1 kleine Möhre
1 kleine zarte Lauchstange

Außerdem:
1 EL Mehl, mit etwas Wasser angerührt
1/2 l Öl zum Ausbacken

1. Die Wan-Tan-Teigplatten zugedeckt auftauen lassen oder nach Rezept zubereiten.

2. Für die Füllung den Knoblauch mit Ingwer und Sojasauce verrühren. Den Tofu klein würfeln und darin wenden.

3. Die Möhre in sehr feine Stifte schneiden. Den Lauch in sehr feine Ringe schneiden. Das Gemüse mit dem Tofu mischen.

4. Nach und nach die Teigplatten ausbreiten, die Ränder mit Mehlwasser bestreichen. Jeweils 1 Teelöffel Füllung darauf geben, die Teigstücke aufrollen, dabei die Seiten nach innen einschlagen, die Kanten festdrücken.

5. Das Öl im Wok erhitzen, die Röllchen darin portionsweise goldbraun ausbacken. Auf Küchenkrepp abtropfen lassen.
(auf dem Foto: oben)

Teigtäschchen mit Kokosgemüse

- Zubereitungszeit: ca. 3/4 Std.
- ca. 360 kcal je Portion
- Dazu paßt süß-saure Sauce

Für die Teigplatten:
16 TK-Wan-Tan-Teigplatten oder
1 Rezept Seite 6

Für die Füllung:
100 g Chinakohl, 1 Frühlingszwiebel
25 g geraspelte feste Kokoscreme
1 EL Fischsauce
1–2 TL Sambal Oelek
frisch gemahlener schwarzer Pfeffer
1 EL helle Sojasauce

Außerdem:
1 EL Mehl, mit etwas Wasser angerührt
1/2 l Öl zum Ausbacken

1. Die Teigplatten zugedeckt auftauen lassen oder nach Rezept zubereiten.

2. Den Chinakohl und die Frühlingszwiebeln in sehr feine Streifen schneiden. Die Kokoscreme mit Fischsauce, Sambal Oelek, Pfeffer und Sojasauce glattrühren und leicht erwärmen. Das Gemüse daruntermischen.

3. Nach und nach die Teigblätter ausbreiten, die Ränder mit Mehlwasser bestreichen. Jeweils 1 gehäuften Teelöffel Füllung in der Mitte auf die Platten setzen, ein zweites Teigblatt darüberlegen, rundherum andrücken. Mit einem Glas oder einem runden Ausstechförmchen Kreise ausstechen.

4. Die Plätzchen portionsweise im heißen Öl schwimmend im Wok ausbacken. Auf Küchenkrepp abtropfen lassen.
(auf dem Foto: unten)

Indische Gemüsebällchen

- Zubereitungszeit: ca. 1/2 Std.
- ca. 230 kcal je Portion
- Dazu passen Sojasauce und Friséesalat

80 g Kichererbsenmehl
1/4 TL Kurkumapulver
1/4 TL Cayennepfeffer
1/2 TL Currypulver
1/2 TL gemahlener Kreuzkümmel
1 TL Salz
1 kleine Möhre
1 kleine Kartoffel
1 kleine Zwiebel
2 EL gehackte Petersilie
1/2 l Öl zum Ausbacken

1. Das Kichererbsenmehl mit Kurkuma, Cayennepfeffer, Curry, Kreuzkümmel, Salz und 60 ml Wasser glattrühren.

2. Die Möhre, die Kartoffel und die Zwiebel sehr fein würfeln, unter den Teig rühren. Die Petersilie ebenfalls darunterrühren.

3. Das Öl zum Ausbacken im Wok erhitzen. Mit einem Teelöffel etwas Teig abnehmen, mit einem zweiten Teelöffel in das heiße Öl streichen. Nicht zu viele Bällchen auf einmal in das Öl geben.

4. Die Bällchen etwa 3 Minuten goldbraun backen, dann mit einer Schaumkelle herausheben und auf Küchenkrepp abtropfen lassen. Nach und nach den ganzen Teig verarbeiten.
(auf dem Foto oben)

Wan-Tan-Suppe

- Zubereitungszeit: ca. 1 Std.
- Einweichzeit: ca. 20 Min.
- ca. 220 kcal je Portion
- Dazu paßt ein Glas Reiswein

6 TK-Wan-Tan-Teigplatten oder etwa
1/2 Rezept Seite 6

5 g getrocknete Mu-Err-Pilze
1 Frühlingszwiebel
50 g Maiskörner (aus der Dose)
frisch gemahlener schwarzer Pfeffer
1 TL feingehackter Ingwer
1 EL Sojasauce
1 TL Mehl, mit etwas Wasser angerührt
1/2 l Gemüsebrühe
50 g Brunnenkresse

1. Die Teigplatten zugedeckt auftauen lassen oder nach Rezept zubereiten. Die Pilze etwa 20 Minuten in warmem Wasser einweichen.

2. Die Pilze abtropfen lassen und kleinschneiden, dabei die harten Stiele entfernen. Die Frühlingszwiebel in feine Ringe schneiden. Mit den Maiskörnern und den Pilzen mischen, mit Pfeffer, Ingwer und Sojasauce würzen.

3. Die Teigplatten ausbreiten, die Ränder dünn mit angerührtem Mehl bestreichen. Jeweils einen gehäuften Teelöffel Füllung darauf setzen, die Ränder hochheben und über der Füllung in vier Nähten fest zusammendrücken. Es soll eine Art Maultasche entstehen.

4. Die Brühe im Wok aufkochen, die Wan-Tan darin bei milder Hitze etwa 10 Minuten garen.

5. Die Kresse kleinschneiden und noch ganz kurz in der Brühe ziehen lassen.
(auf dem Foto unten)

SCHNELL · PIKANT

BRAUCHT ZEIT · CHINESISCH

Gebackener Käsebroccoli

- Zubereitungszeit: ca. 1/2 Std.
- ca. 350 kcal je Portion
- Dazu paßt ein Joghurtdip

250 g Broccoli
Salz
70 g Mehl
1 großes Ei (getrennt)
2 EL trockener Weißwein
2 EL feingehackte Petersilie
2 EL geriebener Emmentaler
1 EL Sesamsamen
frisch gemahlener schwarzer Pfeffer
1/2 l Öl zum Ausbacken

1. Die Broccolistiele schälen, mit den Röschen in mundgerechte Stücke schneiden, in reichlich Salzwasser etwa 2 Minuten vorgaren, anschließend gut abtropfen lassen.

2. Das Mehl mit dem Eigelb und Wein oder Wasser glattrühren, mit Petersilie, Emmentaler, Sesam, Pfeffer und etwas Salz würzen. Das Eiweiß steif schlagen und unter den Teig heben.

3. Das Öl im Wok erhitzen. Portionsweise die Broccoli in dem Teig wenden und in das heiße Öl geben, rundherum knusprig ausbacken. Mit einer Schaumkelle herausheben und auf Küchenkrepp gut abtropfen lassen. Nach und nach das Gemüse verarbeiten.

Scharfe Kokossuppe

- Zubereitungszeit: ca. 1/2 Std.
- Marinierzeit: ca. 1 Std.
- ca. 190 kcal je Portion
- Dazu paßt Fladenbrot

1 TL feingehackter Ingwer
1 zerdrückte Knoblauchzehe
2 rote Chilischoten in feinen Streifen
2 EL Sojasauce
2 TL Zitronensaft
75 g Tofu
20 g Reisbandnudeln
60 g feste Kokoscreme
1/2 l Gemüsebrühe
2 EL Maiskörner (aus der Dose)
frisch gemahlener schwarzer Pfeffer
nach Belieben gehackte Zitronenmelisse oder Schnittlauchröllchen

1. Den Ingwer mit Knoblauch, Chili, Sojasauce und Zitronensaft verrühren. Den Tofu klein würfeln und darin wenden, zugedeckt etwa 1 Stunde ziehen lassen.

2. Die Reisbandnudeln in reichlich Wasser quellen lassen.

3. Die Kokoscreme raspeln, mit der Brühe in den Wok geben und unter Rühren aufkochen. Den Tofu mit der Marinade und die Maiskörner hineingeben, alles aufkochen. Die Suppe mit Pfeffer abschmecken, nach Belieben mit Zitronenmelisse oder Schnittlauchröllchen bestreuen.

Scharf-saure Glasnudelsuppe

- Zubereitungszeit: ca. 1/2 Std.
- Einweichzeit: ca. 20 Min.
- ca. 100 kcal je Portion
- Dazu paßt ein Glas Reiswein

20 g Glasnudeln
7 g getrocknete Tongupilze
75 g Zuckerschoten
1 kleine rote Paprikaschote
1/2 l Gemüsebrühe
1–2 feingehackte Chilischoten
1 TL feingehackter Ingwer
2 EL Austernsauce
2–3 EL Reisessig
Szetschuanpfeffer oder grob gemahlener schwarzer Pfeffer

1. Die Glasnudeln und die Tongupilze laut Packungsanweisung etwa 20 Minuten getrennt in warmem Wasser einweichen.

2. Die Zuckerschoten schräg halbieren oder dritteln. Die Paprikaschote in feine Streifen schneiden.

3. Die Gemüsebrühe im Wok aufkochen, mit Chili, Ingwer, Austernsauce, Reisessig und Szetschuanpfeffer würzen. Die Tongupilze ohne die Stiele in Streifen schneiden, mit dem Gemüse in den Wok geben, die Suppe etwa 5 Minuten leicht kochen lassen.

4. Die Glasnudeln abtropfen lassen, eventuell mit einer Schere kleinschneiden. In die Suppe geben, alles nochmals kurz aufkochen.
(auf dem Foto oben)

Currysuppe

- Zubereitungszeit: ca. 1/2 Std.
- ca. 170 kcal je Portion
- Dazu paßt Zwiebelbrot

1 Bund Frühlingszwiebeln
50 g Champignons
1 EL Öl
2 feingehackte Knoblauchzehen
1 feingewürfelte rote Chilischote
1–2 EL Currypulver
1/2 l Gemüsebrühe
2 TL Speisestärke
75 g gekochter Langkornreis
100 g Vollmilchjoghurt
Salz
frisch gemahlener schwarzer Pfeffer
1 TL gehacktes Koriandergrün

1. Die weißen Teile der Frühlingszwiebeln fein würfeln, das Grün in lange, schmale Streifen schneiden. Die Champignons in Scheiben schneiden.

2. Das Öl im Wok erhitzen, die weißen Zwiebelteile, den Knoblauch und die Chiliwürfelchen darin kurz anbraten. Das Currypulver darüberstäuben und kurz mitschwitzen. Die Brühe mit der Stärke verquirlen, in den Wok gießen. Alles etwa 5 Minuten köcheln lassen.

3. Die grünen Zwiebelstreifen, die Pilze und den Reis hineingeben, alles nur noch etwa 2 Minuten erhitzen.

4. Den Joghurt mit Salz, Pfeffer und Koriandergrün verrühren und abschmecken, zum Servieren auf die Suppe geben.
(auf dem Foto unten)

SCHNELL · WÜRZIG-PIKANT

FEINES MIT TOFU

Tofu, ein eiweißreicher und dabei kalorienarmer Quark aus Sojabohnen, kommt überall in Asien in vielen Variationen oft auf den Tisch. Er ist nicht nur ein preiswerter Fleischersatz, Tofu sorgt zudem für schmackhafte, gesunde Abwechslung.

Gedämpfte Chinakohlpäckchen

- Zubereitungszeit: ca. 3/4 Std.
- ca. 170 kcal je Portion
- Dazu paßt gebratener Reis

1 kleiner Chinakohl
2 kleine Möhren
125 g Tofu
1 EL Zitronensaft
1 zerdrückte Knoblauchzehe
1 EL feingeriebener Ingwer
Salz
frisch gemahlener schwarzer Pfeffer
etwas gemahlener Kreuzkümmel
2 EL Öl

1. Vom Chinakohl die äußeren großen Blätter ablösen und beiseite stellen. Den Strunk und den übrigen Kohl in 1 bis 2 cm breite Streifen schneiden. Die Möhren in dünne Scheiben schneiden.

2. Den Tofu 1 bis 2 cm groß würfeln, mit Zitronensaft, Knoblauch, Ingwer, Salz, Pfeffer und Kreuzkümmel würzen. Jeweils etwas Tofu auf die Chinakohlblätter geben, darin einhüllen, eventuell mit Lauch- oder Schnittlauchstreifen verschnüren. Die Päckchen auf einen Teller legen.

3. Etwa $^3/_8$ Liter Wasser im Wok aufkochen, eine kleine Schüssel umgedreht hinein- und darauf den Teller mit den Päckchen stellen. Den Wokdeckel auflegen, die Päckchen etwa 10 Minuten dämpfen.

4. Den Teller aus dem Wok nehmen, das Wasser abgießen. Das Öl im Wok erhitzen, die Möhren kurz anbraten, dann den kleingeschnittenen Chinakohl dazugeben. Salzen und pfeffern, mit den Päckchen servieren.

Gebratener Tofu mit Broccoli

- Zubereitungszeit: ca. 1/2 Std.
- ca. 260 kcal je Portion
- Dazu passen Reisnudeln

250 g Tofu
1 unbehandelte Zitrone
frisch gemahlener schwarzer Pfeffer
2–3 Knoblauchzehen
500 g Broccoli
2 EL Öl
50 ml Gemüsebrühe
4 EL Sojasauce

1. Den Tofu in breite Stifte schneiden. Die Zitrone heiß abwaschen, abtrocknen, die Schale abreiben und den Saft auspressen. Beides mit Pfeffer verrühren, den Knoblauch dazupressen. Den Tofu anschließend in dieser Marinade wenden.

2. Die Broccolistiele schälen und in feine Stifte schneiden, die Röschen zerteilen. Den Broccoli in kochendem Wasser 3 Minuten blanchieren, dann kalt abschrecken und gut abtropfen lassen.

3. Das Öl im Wok erhitzen, nach und nach die Tofustreifen von beiden Seiten anbraten, an den Rand schieben.

4. Den Broccoli dazugeben, kurz mitbraten, dabei vorsichtig umrühren. Die Brühe angießen, alles mit der Sojasauce und dem Pfeffer würzen.
(auf dem Foto: oben)

Tofu mit Fischsauce

- Zubereitungszeit: ca. 20 Min.
- Marinierzeit: ca. 2 Std.
- ca. 310 kcal je Portion
- Dazu paßt Reis

2 rote Chilischoten
2 gehackte Knoblauchzehen
3 EL Fischsauce
1 EL Reisessig
2 EL süße Sojasauce
65 ml Gemüsebrühe
1/2 TL Speisestärke
250 g Tofu
200 g Zuckerschoten
3 EL Öl

1. Die Chilischoten halbieren, entkernen und fein hacken. Mit Knoblauch, Fischsauce, Reisessig, Sojasauce, Gemüsebrühe und Speisestärke verquirlen. Den Tofu mundgerecht würfeln und darin wenden. Zugedeckt mindestens 2 Stunden marinieren.

2. Die Zuckerschoten halbieren.

3. Das Öl im Wok erhitzen, die Zuckerschoten darin unter Rühren 2 bis 3 Minuten anbraten, dann an den Rand schieben.

4. Den Tofu abtropfen lassen und im Wok anbraten, dann die Marinade vom Tofu in den Wok gießen. Alles vorsichtig vermischen und noch kurz aufkochen.
(auf dem Foto: unten)

SCHNELL · SCHARF-WÜRZIG

Tofu mit Gemüse

- Zubereitungszeit: ca. 1/2 Std.
- ca. 230 kcal je Portion
- Dazu paßt Reis

1 feingewürfelte Knoblauchzehe
2 TL feingewürfelter Ingwer
1 entkernte gewürfelte Chilischote nach Belieben
2 EL Sojasauce
2 EL Reisessig
1/2 TL schwarze Bohnenpaste
2 EL feste geraspelte Kokoscreme
1/2 TL Speisestärke
250 g Tofu
1 Lauchstange
150 g Möhren
125 g Champignons
3 EL Öl

1. Den Knoblauch mit Ingwer, eventuell Chilischote, Sojasauce, Reisessig, Bohnenpaste, Kokoscreme, 60 ml Wasser und Speisestärke verquirlen. Den Tofu in Scheiben und dann in Stücke schneiden und darin wenden.

2. Den Lauch, die Möhren und die Champignons in dünne, schräge Ringe bzw. Scheiben schneiden.

3. Das Öl im Wok erhitzen, die Möhren- und die Lauchscheiben unter Rühren anbraten, dann die Pilze hinzufügen.

4. Den Tofu und die Marinade in den Wok geben, alles vorsichtig verrühren und kurz durchkochen.
(auf dem Foto oben)

Gedämpfter Kräuter-Tofu

- Zubereitungszeit: ca. 1/2 Std.
- Marinierzeit: ca. 2 Std.
- ca. 250 kcal je Portion
- Dazu passen Gemüse und Reis

1 Bund glatte Petersilie
1 Bund Schnittlauch
1 Bund Basilikum
3 EL Öl
2 EL Zitronensaft
Salz
frisch gemahlener schwarzer Pfeffer
300 g Tofu
100 g Spinat

1. Die Kräuter fein hacken, mit Öl, Zitronensaft, Salz und Pfeffer verquirlen.

2. Den Tofu in mundgerechte Stücke schneiden, in der Marinade wenden und 2 Stunden ziehen lassen.

3. Den Spinat verlesen und im Dämpfkörbchen ausbreiten. Den Tofu darauf legen, die Marinade darüberträufeln.

4. Etwa 3/4 Liter Wasser im Wok aufkochen. Das Dämpfkörbchen hineinsetzen, den Deckel auf den Wok legen. Den Tofu etwa 8 Minuten dämpfen.
(auf dem Foto unten)

SCHNELL · SCHARF

SCHNELL · AROMATISCH

Tofu im Nudelmantel

- Zubereitungszeit: ca. 1/2 Std.
- Marinierzeit: ca. 1 Std.
- ca. 400 kcal je Portion
- Dazu paßt Sojasauce

200 g Tofu
2 EL Sojasauce
frisch gemahlener schwarzer Pfeffer
2–3 EL Mehl
1 Ei, verquirlt
75 g schmale Reisbandnudeln
1/2 l Öl zum Ausbacken

1. Den Tofu mundgerecht würfeln, mit der Sojasauce beträufeln und mit Pfeffer bestreuen. Zugedeckt etwa 1 Stunde ziehen lassen.

2. Das Mehl auf einen Teller streuen, das Ei auf einem zweiten Teller verquirlen. Die Reisnudeln mit den Händen in kurze Stücke zerbrechen, auf einen dritten Teller geben.

3. Das Öl im Wok erhitzen. Die Tofustücke portionsweise verarbeiten: Dafür jedes Stück zuerst in Mehl, dann in Ei und zuletzt in den Nudeln wenden. In das heiße Öl geben und darin etwa 3 Minuten backen.

4. Die fertigen Stücke mit einer Schaumkelle aus dem Öl schöpfen und auf Küchenkrepp abtropfen lassen.

Tofu mit Äpfeln und Zwiebeln

- Zubereitungszeit: ca. 1/2 Std.
- Marinierzeit: ca. 2 Std.
- ca. 270 kcal je Portion
- Dazu paßt Zwiebelbrot

3 EL Apfelessig, Salz
Cayennepfeffer
1–2 TL getrockneter Majoran
250 g Tofu
1 Bund Frühlingszwiebeln
2 mittelgroße Zwiebeln
2 kleine rotschalige Äpfel
2 EL Olivenöl
einige Zweige frischer Majoran

1. Den Essig mit Salz, Cayennepfeffer und Majoran verrühren. Den Tofu mundgerecht würfeln, darin wenden und 2 Stunden durchziehen lassen.

2. Die Frühlingszwiebeln in schräge Ringe, die Zwiebeln in Ringe schneiden.

3. Die Äpfel abreiben, vierteln und in Spalten schneiden.

4. Das Öl im Wok erhitzen, die Frühlingszwiebeln und die Zwiebeln darin anbraten. Die Äpfel mit anbraten, dann den Tofu mit der Marinade dazugeben und erhitzen. Vorsichtig rühren, damit der Tofu nicht zerfällt. Das Ganze mit dem Majoran anrichten.

Tofu mit Austernpilzen

- Zubereitungszeit: ca. 1/2 Std.
- Marinierzeit: ca. 2 Std.
- ca. 380 kcal je Portion
- Dazu paßt Brot

5 EL Öl
2 zerdrückte Knoblauchzehen
frisch gemahlener schwarzer Pfeffer
Salz
1 TL getrockneter Thymian
200 g Tofu
300 g Austernpilze
150 g Radicchiosalat
1 mittelgroße Zwiebel
1 TL Mehl
1/8 l Gemüsebrühe

1. 3 Eßlöffel Öl mit Knoblauch, Pfeffer, Salz und Thymian verrühren. Den Tofu mundgerecht würfeln, darin wenden und 2 Stunden ziehen lassen.

2. Die Austernpilze und den Radicchiosalat grob zerschneiden.

3. Die Zwiebel fein würfeln. Das restliche Öl im Wok erhitzen, die Zwiebel und die Austernpilze darin kräftig anbraten. An den Rand schieben, den Tofu mit anbraten.

4. Das Mehl darüberstäuben, dann die Brühe angießen. Aufkochen, den Radicchio hineinrühren und kurz mitgaren. Alles mit Salz und Pfeffer abschmecken.
(auf dem Foto oben)

Tofu im Reisblatt

- Zubereitungszeit: ca. 1/2 Std.
- Marinierzeit: ca. 1 Std.
- ca. 250 kcal je Portion
- Dazu paßt süß-saure Sauce

200 g Tofu
3 EL Austernsauce
Cayennepfeffer
1 Bund Frühlingszwiebeln
2 EL Mehl
etwa 20 runde Reispapierblätter (15 cm Durchmesser)
1/2 l Öl

1. Den Tofu in mundgerechte Stücke schneiden, mit der Austernsauce beträufeln und mit Cayennepfeffer bestreuen. Zugedeckt etwa 1 Stunde durchziehen lassen.

2. Die Frühlingszwiebeln in sehr feine Ringe schneiden. Das Mehl mit 2 Eßlöffeln Wasser glattrühren.

3. Reichlich kaltes Wasser auf einen tiefen Teller geben. Nach und nach die Reispapierblätter einzeln darin einweichen. Herausnehmen und auf ein Küchentuch legen. Ein Tofustück und einige Zwiebelringe darauf geben, vorsichtig einwickeln. Die Ränder des Blattes nach innen schlagen und mit etwas Mehlwasser bestreichen, damit sie zusammenkleben.

4. Das Öl im Wok erhitzen, portionsweise die Tofustücke darin goldgelb ausbacken. Mit einer Schaumkelle herausheben und auf Küchenkrepp abtropfen lassen.
(auf dem Foto unten)

SCHNELL · WÜRZIG

SCHNELL · KNUSPRIG

GEMÜSE UND PILZE

Gemüse und Pilze eignen sich bestens für die Zubereitung im Wok. Das Angebot ist groß, und die Kombinationsmöglichkeiten sind vielfältig. Die Garzeiten sind kurz – alles bleibt knackig im Biß, frisch im Aussehen und ist vitaminreich.

Bunte Gemüsepfanne

- Zubereitungszeit: ca. 3/4 Std.
- Quellzeit: 20 Min.
- ca. 430 kcal je Portion
- Dazu paßt Reis

1 kleine Möhre
100 g Zuckerschoten
1 kleine Lauchstange
150 g Chinakohl
100 g Bohnenkeime
100 g Bambussprossen (aus der Dose)
100 g Maiskölbchen (aus der Dose)
35 g Glasnudeln
4 EL Sojasauce
1 EL Reisessig
3 EL Reiswein
2 EL Tomatenketchup
2 EL Öl
3 EL Cashewkerne
2 zerdrückte Knoblauchzehen
2 TL feingewürfelter Ingwer
1–2 feingehackte frische Chilischoten
evtl. 2 TL feingehacktes Koriandergrün

1. Die Möhre in schräge Scheiben schneiden. Die Zuckerschoten halbieren, den Lauch in schräge Ringe schneiden. Den Chinakohl in 1 bis 2 cm breite Streifen teilen.

2. Die Bohnenkeime, die Bambussprossen und die Maiskölbchen abspülen und abtropfen lassen, eventuell kleinschneiden.

3. Die Glasnudeln einige Minuten in warmem Wasser quellen lassen.

4. Die Sojasauce mit dem Reisessig, dem Reiswein sowie dem Tomatenketchup verquirlen.

5. Das Öl im Wok erhitzen, die Cashewkerne darin anbraten, herausnehmen. Knoblauch, Ingwer und Chili leicht anbraten, dann nach und nach das Gemüse im Wok anbraten. Dabei die Möhren zuerst, die Bohnenkeime zuletzt anbraten. Fertig angebratenes Gemüse stets an den Rand schieben.

6. Zuletzt alles Gemüse im Wok mischen. Die abgetropften Glasnudeln und die vorbereitete Sauce darunterrühren, aufkochen, das Gemüse mit Cashewkernen und eventuell mit Koriandergrün bestreuen.

BRAUCHT ZEIT
WÜRZIG

Shiitake in Tomatensauce

- Zubereitungszeit: ca. 1/2 Std.
- ca. 350 kcal je Portion
- Dazu passen Bandnudeln

1 kleines Bund Frühlingszwiebeln
250 g frische Shiitakepilze (ersatzweise Champignons)
3 EL Öl
300 g Tomatenfruchtfleisch (Fertigprodukt)
Salz
frisch gemahlener schwarzer Pfeffer
1 Bund Basilikum
125 g Mozzarella

1. Die Frühlingszwiebeln kleinschneiden. Die Pilze grob zerkleinern.

2. Das Öl im Wok erhitzen, die Zwiebeln darin anbraten. An den Rand schieben, dann die Pilze mit anbraten.

3. Das Tomatenfruchtfleisch hineinrühren, alles mit Salz und Pfeffer würzen und noch einmal aufkochen.

4. Das Basilikum in Streifen schneiden. Den Mozzarella nicht zu fein würfeln. Beides in den Wok geben, alles kurz mischen und pikant abschmecken.

Chicorée in Kressesauce

- Zubereitungszeit: ca. 20 Min.
- ca. 410 kcal je Portion
- Dazu passen Salzkartoffeln

400 g Chicorée
2 EL Öl
3 EL Mandelstifte
Salz
frisch gemahlener schwarzer Pfeffer
Cayennepfeffer
100 ml Gemüsebrühe
100 g Crème fraîche
1 Kästchen Kresse
einige rote Paprikawürfel

1. Den Chicorée in 1 cm dicke Scheiben schneiden. Dabei einige Blätter zum Anrichten zurückbehalten.

2. Das Öl im Wok erhitzen, die Mandelstifte darin kurz anbraten. Den Chicorée hineinrühren und mit anbraten, mit Salz, schwarzem Pfeffer und Cayennepfeffer würzen.

3. Die Gemüsebrühe und die Crème fraîche hineinrühren und alles kurz aufkochen. Die Kresse abschneiden und den Großteil darunterrühren. Das Gemüse mit Salz und Pfeffer abschmecken, auf den Chicoréeblättern anrichten und mit Kresse sowie den Paprikawürfeln bestreuen.

Scharf-saures Gemüse

- Zubereitungszeit: ca. 1/2 Std.
- ca. 310 kcal je Portion
- Dazu paßt Reis

2 Möhren
1 Bund Frühlingszwiebeln
200 g Bohnenkeime
100 g Zuckerschoten
6 EL Sojasauce
3 EL Reisessig
6 EL Reiswein
1 TL Speisestärke
frisch gemahlener schwarzer Pfeffer
3 EL Öl
1–2 rote entkernte Chilischoten, in Ringen
2 feingehackte Knoblauchzehen
2 TL feingehackter Ingwer
evtl. 2 TL feingehacktes Koriandergrün

1. Die Möhren in feine Streifen schneiden. Die Frühlingszwiebeln in dünne, schräge Scheiben schneiden. Die Bohnenkeime kalt abbrausen, abtropfen lassen. Die Zuckerschoten längs dritteln.

2. Die Sojasauce mit Reisessig, Reiswein, Speisestärke und Pfeffer verquirlen.

3. Das Öl im Wok erhitzen, den Chili, den Knoblauch und den Ingwer unter Rühren anbraten. Die Möhren und die Zuckerschoten, die Zwiebeln und die Bohnenkeime nacheinander mitbraten.

4. Die vorbereitete Sauce angießen, alles kurz durchrühren und einmal aufkochen. Abschmecken, nach Belieben mit Koriandergrün bestreuen.
(auf dem Foto oben)

Kokos-Mais-Gemüse

- Zubereitungszeit: ca. 1/2 Std.
- ca. 600 kcal je Portion
- Dazu passen Reisnudeln

1 kleine frische Kokosnuß
2–3 frische rote Chilischoten
1 Dose Maiskölbchen (netto 230 g)
200 g Paksoi oder Chinakohl
2 EL Sesamsamen
3 EL Öl
2 zerdrückte Knoblauchzehen
1 TL feingehackter Ingwer
1/8 l Gemüsebrühe
5 EL Sojasauce
2 EL Austernsauce

1. Die Kokosnuß öffnen, das Fleisch aus der Schale lösen und grob raspeln (zum Beispiel mit der Küchenmaschine). Die Chilischoten aufschlitzen, entkernen und in feinste Ringe schneiden.

2. Die Maiskölbchen abtropfen lassen, den Paksoi oder Chinakohl in schmale Streifen schneiden.

3. Den Wok erhitzen, die Sesamsamen darin anrösten und wieder herausnehmen.

4. Das Öl im Wok erhitzen, die Chiliringe, den Knoblauch und den Ingwer darin anbraten. Dann die Kokosraspel mit anbraten, mit der Brühe ablöschen.

5. Die Maiskölbchen und den Paksoi oder Chinakohl darunterrühren, alles mit der Soja- und der Austernsauce würzen und noch kurz aufkochen. Mit Sesam bestreut servieren.
(auf dem Foto unten)

SCHNELL · CHINESISCH

SCHNELL · SCHARF

Gemüse süß-sauer

- Zubereitungszeit: ca. 1/2 Std.
- ca. 370 kcal je Portion
- Dazu paßt Reis

500 g gemischtes Gemüse (Möhren, Broccoli, Maiskölbchen, Lauch, Stangensellerie, Bambussprossen, Bohnenkeime, Zuckerschoten)
100 g frische Shiitakepilze
75 g Litschis aus der Dose
2 EL Sojasauce
2 EL Zucker
2 EL Reisessig
2 EL Tomatenketchup
frisch gemahlener schwarzer Pfeffer
100 ml Gemüsebrühe
1/2 TL Speisestärke
3 EL Öl
2 EL feingewürfelter Ingwer
2 feingewürfelte Knoblauchzehen

1. Alles Gemüse und die Pilze mundgerecht zerkleinern. Feste Sorten wie Broccoli einige Minuten in Wasser vorgaren, gut abtropfen lassen. Die Litschis abtropfen lassen.

2. Die Sojasauce mit Zucker, Reisessig, Ketchup, Pfeffer, Brühe und Speisestärke verquirlen.

3. Das Öl im Wok erhitzen, Ingwer und Knoblauch kurz anbraten. Nach und nach das Gemüse anbraten, dabei feste Gemüsesorten zuerst, Bohnenkeime ganz zum Schluß darunterrühren. Die Litschis dazugeben.

4. Die Sauce verrühren, in den Wok gießen und noch kurz aufkochen.

Indisches Blumenkohlcurry

- Zubereitungszeit: ca. 3/4 Std.
- ca. 290 kcal je Portion
- Dazu paßt Reis

1 kleiner Blumenkohl
1 mittelgroße Zwiebel
200 g Tomaten
3 EL Butterschmalz
1 zerdrückte Knoblauchzehe
2 EL Curry
1/2 TL Rosenpaprika
175 ml Gemüsebrühe
2 EL Rosinen
Salz
125 g Vollmilchjoghurt
1/2 TL Speisestärke
etwas Blattpetersilie zum Garnieren

1. Den Blumenkohl in kleine Röschen zerteilen. Die Zwiebel fein würfeln. Die Tomaten überbrühen und häuten, dann entkernen und fein würfeln.

2. Das Butterschmalz im Wok erhitzen, die Zwiebel und den Knoblauch darin anschwitzen. Die Gewürze darüberstäuben, den Blumenkohl hineingeben, kurz mit anschwitzen.

3. Die Brühe angießen, die Tomaten, die Rosinen und Salz hinzufügen. Aufkochen, zugedeckt bei milder Hitze köcheln lassen, bis der Blumenkohl gar ist. Eventuell etwas Wasser angießen, wenn zuviel Flüssigkeit verdampft.

4. Den Joghurt mit der Speisestärke verquirlen, unter den Blumenkohl rühren. Die Blattpetersilie darübergeben.

Linsen-Wirsing-Gemüse

- Zubereitungszeit: ca. 1 Std.
- ca. 460 kcal je Portion
- Dazu paßt Bauernbrot

350 ml Gemüsebrühe
100 g braune Linsen
1 mittelgroße Zwiebel
1 kleine Möhre
1 mittelgroßer Wirsingkohl (500 g)
2 EL Öl
1 1/2 TL Speisestärke
frisch gemahlener schwarzer Pfeffer
Salz
1–1 1/2 EL Essig
eventuell 3 EL grob gehackte Walnußkerne

1. Die Gemüsebrühe in einem kleinen Topf zum Kochen bringen, die Linsen darin zugedeckt bei milder Hitze 1/2 bis 3/4 Stunde nur knapp gar kochen. Anschließend abtropfen lassen und die Brühe auffangen.

2. Die Zwiebel und die Möhre fein würfeln. Den Wirsing in schmale Streifen schneiden.

3. Das Öl im Wok erhitzen, die Zwiebel- und die Möhrenwürfel darin kurz anbraten, dann den Wirsing hineinrühren und mitbraten. Die Linsen daruntermischen.

4. Die abgetropfte Brühe mit der Speisestärke binden und in den Wok gießen, alles noch kurz aufkochen. Das Gemüse mit Pfeffer, Salz und Essig abschmecken, eventuell mit den Walnußkernen bestreuen.
(auf dem Foto: oben)

Currylinsen

- Zubereitungszeit: ca. 1/2 Std.
- ca. 340 kcal je Portion
- Dazu paßt Joghurt

125 g rote Linsen
Salz
frisch gemahlener Pfeffer
1 kleines Bund Frühlingszwiebeln
2 Knoblauchzehen
1 kleine rote Paprikaschote
2 EL Butterschmalz
1 TL Garam Masala
1 TL Kurkuma
1 TL gemahlener Kreuzkümmel

1. Die Linsen verlesen und mit etwa 1/4 Liter Wasser aufkochen. Salzen und pfeffern, zugedeckt knapp 10 Minuten garen.

2. Inzwischen die Frühlingszwiebeln in feine schräge Ringe schneiden. Den Knoblauch fein hacken. Die Paprikaschote halbieren, in feine Streifen schneiden.

3. Das Butterschmalz im Wok erhitzen, die Frühlingszwiebeln, den Knoblauch und die Paprikastreifen unter Rühren etwa 2 Minuten anbraten.

4. Die Gewürze kurz mit anschwitzen, dann die gekochten Linsen mit Flüssigkeit dazugeben. Kurz darunterrühren, abschmecken und heiß servieren.
(auf dem Foto: unten)

SCHNELL · INDISCH

Champignons in Safransahne

- Zubereitungszeit: ca. 20 Min.
- ca. 370 kcal je Portion
- Dazu passen grüne Bandnudeln

400 g kleine Champignons
200 g frische Pfifferlinge (ersatzweise 1 kleines Glas)
1 rote Zwiebel
1 zarte Lauchstange
1 EL Butterschmalz
150 g Sahne
1 Tütchen gemahlener Safran
Salz
frisch gemahlener schwarzer Pfeffer
1 EL weißer Wermut
1 EL gehacktes Basilikum

1. Die Champignons und die frischen Pfifferlinge mit einem feuchten Tuch abreiben, ganz lassen. Pilze aus dem Glas abspülen und abtropfen lassen.

2. Die Zwiebel in feine Stücke schneiden. Den Lauch in feine, schräge Ringe schneiden.

3. Das Butterschmalz im Wok erhitzen, die Zwiebel und den Lauch anbraten. Die Pilze dazugeben und mitbraten.

4. Die Sahne hineinrühren, dann den Safran daruntermischen. Kurz aufkochen, mit Salz, Pfeffer und dem Wermut abschmecken. Das Basilikum darüberstreuen.

Bohnengemüse

- Zubereitungszeit: ca. 1/2 Std.
- ca. 260 kcal je Portion
- Dazu paßt Reis mit Schnittlauchröllchen

250 g grüne Bohnen
Salz
1 kleine Lauchstange
200 g frische Bohnenkeime
130 g Kidneybohnen aus der Dose
2 EL Öl
2 feingehackte Knoblauchzehen
75 ml Gemüsebrühe
2 TL schwarze Bohnenpaste
frisch gemahlener schwarzer Pfeffer

1. Die grünen Bohnen eventuell einmal brechen, in wenig Salzwasser knapp gar kochen. Anschließend gut abtropfen lassen.

2. Den Lauch in dünne Ringe schneiden. Die Bohnenkeime und die Kidneybohnen kalt abbrausen und abtropfen lassen.

3. Das Öl im Wok erhitzen, den Knoblauch und die Lauchringe darin kurz unter Rühren anbraten. Die grünen Bohnen, die Bohnenkeime und die Kidneybohnen dazugeben, alles etwa 3 Minuten rührbraten.

4. Die Gemüsebrühe und die Bohnenpaste hineinrühren, das Gemüse noch kurz mischen, dann mit Pfeffer und eventuell noch mit wenig Salz abschmecken.

NUDELN

Asiaten lieben Nudeln mindestens so sehr wie Italiener. Sie fertigen sie nicht nur aus Weizenmehl, sondern auch aus fein gemahlenem Reis und aus Hülsenfruchtmehl. In Fernost kennt man deshalb eine Vielfalt an Nudelvariationen.

Gebratene Reisnudeln

- Zubereitungszeit: ca. 3/4 Std.
- ca. 490 kcal je Portion
- Dazu paßt ein kühles Pils

125 g breite Reisbandnudeln
(ersatzweise Weizenbandnudeln)
125 g Möhren
1 kleines Bund Frühlingszwiebeln
100 g frische Bohnenkeime
50 g Bambussprossen (aus der Dose)
2–3 frische rote Chilischoten
3 EL Sojaöl
2 EL feingehackter Ingwer
2 zerdrückte Knoblauchzehen
5 EL Sojasauce
frisch gemahlener schwarzer Pfeffer
1 TL Sesamöl

1. Die Reisnudeln mit reichlich heißem Wasser übergießen und einige Minuten quellen lassen oder die Weizennudeln in reichlich kochendem Salzwasser bißfest garen und gut abtropfen lassen.

2. Die Möhren und die Frühlingszwiebeln in dünne, schräge Scheiben schneiden. Die Bohnenkeime abbrausen und gut abtropfen lassen. Die Bambussprossen abtropfen lassen und kleinschneiden.

3. Die Chilischoten aufschlitzen, entkernen und möglichst fein hacken.

4. Das Sojaöl im Wok erhitzen, Chili, Knoblauch und Ingwer kurz anbraten, an den Rand schieben. Nach und nach die Möhren, die Frühlingszwiebeln, die Bohnenkeime und die Bambussprossen ebenfalls anbraten, fertig angebratenes Gemüse an den Rand schieben.

5. Alles Gemüse im Wok mischen, mit der Sojasauce und dem Pfeffer würzen. Die Reisnudeln gut abtropfen lassen, in den Wok geben, alles noch etwa 2 Minuten unter Rühren braten. Das Sesamöl darüberträufeln.

BRAUCHT ZEIT

WÜRZIG-SCHARF

Glasnudeln mit Pilzen und Ei

- Zubereitungszeit: ca. 1/2 Std.
- ca. 500 kcal je Portion
- Dazu paßt kühles Bier

75 g Glasnudeln
200 g Champignons
200 g Möhren
1 kleines Bund Frühlingszwiebeln
3 EL Öl
3 Eier
1 EL feingehackter oder gemahlener Ingwer
3 EL Sojasauce
3 EL Fischsauce
1/2 TL Sambal Oelek
1/8 l Gemüsebrühe

1. Die Glasnudeln kurz in reichlich warmem Wasser einweichen.

2. Die Pilze, die Möhren und die Frühlingszwiebeln in dünne Scheiben beziehungsweise Ringe schneiden.

3. Etwa 1 Eßlöffel Öl im Wok erhitzen. Die Eier verquirlen, in den Wok gießen und unter Rühren stocken lassen, wieder herausnehmen.

4. Das restliche Öl im Wok erhitzen, die Zwiebeln und die Möhren, dann die Pilze darin anbraten. Mit dem Ingwer würzen.

5. Die Sojasauce mit Fischsauce, Sambal Oelek und Gemüsebrühe verrühren, in den Wok gießen. Die Glasnudeln abtropfen lassen, eventuell kleinschneiden, mit dem Ei dazugeben. Alles gut mischen.
(auf dem Foto oben)

Glasnudeln mit Bambus und Paprika

- Zubereitungszeit: ca. 1/2 Std.
- ca. 360 kcal je Portion
- Dazu paßt Chinakohlsalat

75 g Glasnudeln
300 g Bambussprossen aus der Dose
je 1 kleine rote und gelbe Paprikaschote
1 zarte Lauchstange
3 EL Öl
2 zerdrückte Knoblauchzehen
1 EL feingehackter Ingwer
1/8 l Gemüsebrühe
3 EL Austernsauce
frisch gemahlener schwarzer Pfeffer

1. Die Glasnudeln kurz in reichlich heißem Wasser einweichen.

2. Die Bambussprossen abtropfen lassen, in dünne Scheiben oder breite Streifen schneiden. Die Paprikaschoten halbieren und quer in feine Streifen schneiden.

3. Den Lauch in feine Ringe schneiden. Das Öl im Wok erhitzen, den Lauch darin anbraten. Den Knoblauch und den Ingwer dazugeben, dann nach und nach die Paprikastreifen und den Bambus mit anbraten.

4. Die Gemüsebrühe mit der Austernsauce und dem Pfeffer verquirlen, in den Wok gießen. Die Glasnudeln abtropfen lassen, eventuell mit einer Schere zerschneiden und in den Wok geben. Alles gründlich mischen und kurz erhitzen.
(auf dem Foto unten)

Fritierte Eiernudeln mit Tomatenragout

- Zubereitungszeit: ca. 3/4 Std.
- Einweichzeit: ca. 20 Min.
- ca. 530 kcal je Portion
- Dazu paßt ein Glas Rotwein

25 g getrocknete Tongupilze
100 g chinesische Eiernudeln
750 g Tomaten
2 Zwiebeln
etwa 1/2 l Öl zum Ausbacken
2 feingehackte Knoblauchzehen
100 ml Rotwein oder Gemüsebrühe
2 EL feingeschnittenes Basilikum
Salz
frisch gemahlener schwarzer Pfeffer

1. Die Pilze etwa 20 Minuten und die Nudeln kurz getrennt laut Packungsanweisung in reichlich warmem Wasser einweichen.

2. Die Tomaten überbrühen, enthäuten und kleinschneiden. Die Zwiebeln fein würfeln. Die Pilze kleinschneiden und dabei die Stiele entfernen.

3. Das Öl im Wok erhitzen. Die Nudeln gut abtropfen lassen, auseinanderpflücken und portionsweise im heißen Öl etwa 1 Minute backen, dann mit einer Schaumkelle herausheben und auf Küchenkrepp abtropfen lassen. Zugedeckt warm stellen.

4. Das Öl bis auf 2 Eßlöffel aus dem Wok abgießen. Die Zwiebeln und den Knoblauch anbraten, die Pilze mitbraten. Die Tomaten und den Wein hineinrühren, alles aufkochen, mit Basilikum, Salz und Pfeffer würzen. Mit den Nudeln servieren.

Nudeln mit acht Kostbarkeiten

- Zubereitungszeit: ca. 3/4 Std.
- Einweichzeit: 20 Min.
- ca. 700 kcal je Portion
- Dazu paßt kühles Bier

100 g breite Reisbandnudeln
je 5 g getrocknete Tongupilze und Mu-Err-Pilze
30 g Ginkgo-Nüsse aus der Dose
30 g Lotusfrüchte aus der Dose
50 g Litschis aus der Dose
je 3 getrocknete Datteln und Pflaumen
2 Frühlingszwiebeln, 2 EL Öl
2 zerdrückte Knoblauchzehen
2 EL Cashewkerne
frisch gemahlener schwarzer Pfeffer
3–4 EL Sojasauce, 2 TL Sesamöl

1. Die Reisnudeln laut Packungsanweisung in reichlich heißem Wasser quellen lassen.

2. Die Tongu- und die Mu-Err-Pilze etwa 20 Minuten in warmem Wasser einweichen, anschließend ohne die Stiele grob zerkleinern. Die Ginkgo-Nüsse, die Lotusfrüchte und die Litschis abtropfen lassen. Die Datteln und die Pflaumen entsteinen und halbieren.

3. Die Frühlingszwiebeln in dünne, schräge Ringe schneiden. Das Öl im Wok erhitzen, die Zwiebeln, den Knoblauch und die Cashewkerne hineinrühren und kurz anbraten.

4. Die übrigen vorbereiteten Zutaten einrühren, zuletzt die abgetropften Nudeln daruntermischen. Alles mit Pfeffer und Sojasauce abschmecken, zum Servieren mit Sesamöl beträufeln.

Gemüsenudeln

- Zubereitungszeit: ca. ½ Std.
- ca. 580 kcal je Portion
- Dazu paßt ein Glas Rotwein

175 g Makkaroni
Salz
1 kleine Aubergine
1 kleine gelbe Paprikaschote
2 kleine Zucchini
1 mittelgroße Zwiebel
3 EL Olivenöl
300 g Tomatenfruchtfleisch (Fertigprodukt)
frisch gemahlener schwarzer Pfeffer
2 TL getrockneter Majoran
2 EL geriebener Parmesan

1. Die Makkaroni in reichlich kochendem Salzwasser bißfest garen, dann gut abtropfen lassen.

2. Die Aubergine, die Paprikaschote und die Zucchini in kleine Würfel schneiden. Die Zwiebel fein würfeln.

3. Das Olivenöl im Wok nicht zu stark erhitzen, die Zwiebelwürfel darin glasig werden lassen. Das restliche Gemüse mitbraten.

4. Die Nudeln unter ständigem Wenden mitbraten, dann das Tomatenfruchtfleisch hineinrühren. Mit Salz, Pfeffer und Majoran würzen, kurz aufkochen. Alles abschmecken und mit dem Parmesan bestreut servieren.
(auf dem Foto: oben)

Chinagemüse mit fritierten Reisnudeln

- Zubereitungszeit: ca. 40 Min.
- ca. 390 kcal je Portion
- Dazu paßt ein kühles Bier

1 Möhre
1 Lauchstange
1 kleine rote Paprikaschote
125 g Chinakohl
125 g Broccoli
2 EL Tomatenketchup
3 EL Sojasauce
50 ml Gemüsebrühe
¼ TL Speisestärke
frisch gemahlener schwarzer Pfeffer
etwa ½ l Öl zum Fritieren und Braten
50 g schmale Reisbandnudeln

1. Möhre, Lauch, Paprikaschote, Chinakohl und Broccoli kleinschneiden.

2. Tomatenketchup mit Sojasauce, Gemüsebrühe, Speisestärke und Pfeffer verquirlen.

3. Das Öl im Wok erhitzen. Die Reisnudeln darin portionsweise fritieren, bis sie weißlich aussehen und aufgebläht sind. Mit einer Schaumkelle abschöpfen und warm stellen.

4. Das Öl bis auf 3 Eßlöffel aus dem Wok abgießen. Den Wok wieder erhitzen, nach und nach das Gemüse darin anbraten. Die vorbereitete Sauce angießen, alles gründlich mischen. Mit den Nudeln anrichten.
(auf dem Foto: unten)

Lauchnudeln mit Erdnüssen

- Zubereitungszeit: ca. 1/2 Std.
- ca. 510 kcal je Portion
- Dazu paßt Tomatensalat

125 g breite Reisbandnudeln
(ersatzweise Weizenbandnudeln)
200 g Möhren
300 g Lauch
3 EL Öl
2 TL feingehackter Ingwer
1 zerdrückte Knoblauchzehe
2 EL geröstete, gesalzene Erdnußkerne
frisch gemahlener schwarzer Pfeffer
Salz

1. Die Reisnudeln mit reichlich heißem Wasser übergießen und kurz quellen lassen. (Weizennudeln in Salzwasser bißfest garen und gut abtropfen lassen.)

2. Die Möhren und den Lauch in feine, lange Streifen schneiden.

3. Das Öl im Wok erhitzen, den Ingwer und den Knoblauch darin anbraten. Die Möhren und den Lauch mit anbraten.

4. Die Nudeln abtropfen lassen und zusammen mit den Erdnüssen in den Wok geben, alles unter Rühren etwa 2 Minuten braten, dann mit Pfeffer und vorsichtig mit Salz abschmecken.

Fenchelnudeln

- Zubereitungszeit: ca. 1/2 Std.
- ca. 640 kcal je Portion
- Dazu paßt ein Glas Rosé

175 g Penne oder andere Nudeln
Salz
1 große Fenchelknolle
1 Möhre
2 EL Pinienkerne
3 EL Olivenöl
2 feingehackte Knoblauchzehen
3 EL Tomatenketchup
frisch gemahlener schwarzer Pfeffer

1. Die Penne in reichlich Salzwasser nur knapp gar kochen, anschließend gut abtropfen lassen.

2. Inzwischen den Fenchel in feine Streifen schneiden, das Fenchelgrün fein hacken. Die Möhre in dünne Scheiben schneiden.

3. Die Pinienkerne im Wok goldbraun anbraten und wieder herausnehmen. Dann das Olivenöl im Wok nicht zu stark erhitzen, Knoblauch, Fenchel und Möhre darin unter Rühren anbraten.

4. Die Nudeln dazugeben und unter ständigem Wenden mit anbraten. Alles mit Tomatenketchup, Salz und reichlich Pfeffer würzen, zum Servieren das Fenchelgrün und die Pinienkerne daruntermischen.

Broccolinudeln mit Schafskäse

- Zubereitungszeit: ca. 1/2 Std.
- ca. 780 kcal je Portion
- Dazu paßt Tomatensalat

125 g Bandnudeln
Salz
500 g Broccoli
3 EL Olivenöl
2 zerdrückte Knoblauchzehen
2 TL feingehackte Oreganoblättchen
2 EL Sesamsamen
200 g Schafskäse
frisch gemahlener schwarzer Pfeffer
1 EL Sesamöl

1. Die Bandnudeln in reichlich Salzwasser nur knapp bißfest garen. In einem Sieb gut abtropfen lassen.

2. Die Broccolistiele schälen und kleinschneiden. Die Röschen klein würfeln.

3. Das Olivenöl im Wok nicht zu stark erhitzen, den Broccoli darin unter Rühren etwa 5 Minuten anbraten. Zuletzt den Knoblauch mit anbraten und den Oregano daruntermischen.

4. Die Nudeln und die Sesamsamen unter Rühren kurz mit anbraten. Den Schafskäse grob würfeln und dazugeben, alles mit Pfeffer würzen und noch kurz erhitzen. Zum Servieren das Sesamöl darüberträufeln.
(auf dem Foto oben)

Eiernudeln mit Mu-Err-Pilzen

- Zubereitungszeit: ca. 1/2 Std.
- Einweichzeit: ca. 20 Min.
- ca. 630 kcal je Portion
- Dazu paßt eine Tasse Tee

15 g getrocknete Mu-Err-Pilze
200 g chinesische Eiernudeln
(ersatzweise Spaghetti)
Salz
1 Bund Frühlingszwiebeln
200 g Chinakohl
1 kleine rote Paprikaschote
1/8 l Gemüsebrühe
1 TL Speisestärke
4 EL Sojasauce
1/2 TL Sambal Oelek
3 EL Öl
2 zerdrückte Knoblauchzehen

1. Die Mu-Err-Pilze abbrausen und etwa 20 Minuten in warmem Wasser quellen lassen. Die Nudeln in reichlich Salzwasser etwa 2 Minuten vorgaren, abtropfen lassen. (Spaghetti nur knapp bißfest garen.)

2. Die Frühlingszwiebeln, den Chinakohl und die Paprikaschote kleinschneiden. Die Mu-Err-Pilze abtropfen lassen und etwas zerkleinern.

3. Die Gemüsebrühe mit der Speisestärke, Sojasauce und Sambal Oelek verquirlen.

4. Das Öl im Wok erhitzen, den Knoblauch, die Pilze und das Gemüse nach und nach darin anbraten. Die Nudeln dazugeben und mit anbraten, dann die vorbereitete Sauce hineinrühren. Alles noch kurz aufkochen, dabei gründlich umrühren.
(auf dem Foto unten)

SCHNELL · HERZHAFT

SCHNELL · AROMATISCH

REIS UND GETREIDE

Reis gehört in Asien zu den Grundnahrungsmitteln und kommt vielerorts täglich auf den Tisch. Er wird gekocht, gedämpft, gebraten, als Beilage oder, mit bunten Zutaten vermischt, als leckeres Hauptgericht gereicht.

Gekochter Reis

125 g Duft- oder Basmatireis
evtl. etwas Salz

1. Den Reis in einem Sieb waschen, bis das Wasser klar bleibt. Mit knapp 200 ml Wasser aufkochen, das Wasser nach Belieben leicht salzen. Den Reis etwa 2 Minuten kochen, die Hitze stark verringern, den Reis zugedeckt 7 bis 8 Minuten garen.

2. Wenn der Reis das Wasser aufgesogen hat, kochendes Wasser angießen, bis es etwa ½ cm über dem Reis steht. Den Reis zugedeckt noch etwa 7 bis 8 Minuten auf der ausgeschalteten Platte ausquellen lassen. Die Rohmenge ergibt etwa 350 g gekochten Reis.

Süß-saurer Linsenreis

- Zubereitungszeit: ca. 1/2 Std.
- ca. 550 kcal je Portion
- Dazu paßt ein kühles Bier

75 g rote Linsen
150 ml Gemüsebrühe
150 g frische Litschis
1/2 Staudensellerie
1 zarte Lauchstange
3 EL Reisessig
5 EL Sojasauce
2 TL Zucker
3 EL Tomatenketchup
frisch gemahlener schwarzer Pfeffer
3 EL Öl
2 zerdrückte Knoblauchzehen
2 TL feingehackter Ingwer
200 g gekochter Reis
(etwa 65 g Rohreis)
Gurkenscheiben zum Garnieren

1. Die Linsen verlesen. Die Brühe aufkochen, die Linsen darin zugedeckt nur etwa 5 Minuten garen. Vom Herd nehmen.

2. Die Litschis aus der Schale lösen und entsteinen. Den Staudensellerie in dünne Scheiben, den Lauch in dünne Ringe schneiden.

3. Den Reisessig mit Sojasauce, Zucker, Ketchup und Pfeffer verquirlen.

4. Das Öl im Wok erhitzen, Knoblauch, Ingwer, den Sellerie und den Lauch darin unter Rühren anbraten. Den Reis mit anbraten, dann die Linsen und die Litschis dazugeben, zuletzt die vorbereitete Sauce angießen. Alles kurz umrühren und durchkochen, anrichten und mit Gurkenscheiben garnieren.

Gedämpfter Erbsenreis

- Zubereitungszeit: ca. 1 Std.
- ca. 320 kcal je Portion
- Dazu paßt Sojasauce

1/4 l Gemüsebrühe
125 g Langkornreis
1 kleiner China- oder 1/2 kleiner Wirsingkohl
100 g Kirschtomaten
1 kleine gelbe Paprikaschote
125 g tiefgefrorene Erbsen
4 EL gehackte Petersilie

1. Die Brühe aufkochen, den Reis darin zugedeckt bei schwacher Hitze ausquellen lassen.

2. Den China- oder Wirsingkohl in einzelne Blätter zerlegen, äußere Blätter beiseite legen, den Mittelteil in feine Streifen schneiden.

3. Die Kirschtomaten halbieren. Die Paprikaschote gleichfalls halbieren und in feine Streifen schneiden. Beides mit Erbsen, Petersilie, dem feingeschnittenen Kohl und dem Reis mischen.

4. Das Dämpfkörbchen des Woks mit Kohlblättern auslegen, die Reismischung darauf geben.

5. Etwa 3/4 Liter Wasser im Wok aufkochen, das Dämpfkörbchen hineinstellen. Den Deckel auflegen, den Reis etwa 15 bis 20 Minuten dämpfen.

Indischer Kokosreis

- Zubereitungszeit: ca. 3/4 Std.
- ca. 750 kcal je Portion
- Dazu paßt süß-sauer angemachter Chinakohlsalat

100 g feste Kokosnußcreme
300 ml Gemüsebrühe
125 g Langkornreis
2 Lauchstangen
2 Möhren
2 EL Öl
1 TL feingehackter Ingwer
3 EL Mandelstifte
1 TL gemahlener Kreuzkümmel
3 EL Rosinen
Cayennepfeffer
Salz

1. Die Kokosnußcreme raspeln, mit der Gemüsebrühe in einem Topf aufkochen. Den Reis darin zugedeckt in knapp 20 Minuten garen.

2. Inzwischen den Lauch und die Möhren in dünne, lange Streifen schneiden.

3. Das Öl im Wok erhitzen, den Ingwer und die Mandeln darin unter Rühren anrösten. Das Gemüse hineinrühren und mit anbraten, dann den Kreuzkümmel und die Rosinen daruntermengen.

4. Den Reis dazugeben und alles unter Rühren einige Minuten braten, mit Cayennepfeffer und etwas Salz abschmecken.

Curryreis mit Früchten

- Zubereitungszeit: ca. 3/4 Std.
- ca. 580 kcal je Portion
- Dazu paßt grüner Tee

1/4 l Gemüsebrühe
125 g Langkornreis
50 g ganze Mandeln
1 zarte Lauchstange
140 g Ananas aus der Dose
1 kleiner Apfel
1 Kiwi
1 kleine Banane
2 EL Öl
2 EL Currypulver

1. Die Brühe aufkochen, den Reis darin zugedeckt bei milder Hitze ausquellen lassen.

2. Die Mandeln für 3 bis 4 Minuten in kochendem Wasser brühen, etwas abkühlen lassen und aus den Häutchen drücken.

3. Den Lauch in schräge Ringe schneiden. Die Ananas abtropfen lassen und würfeln. Den Apfel vierteln und in Stücke schneiden. Die Kiwi schälen und in halbe Scheiben schneiden. Die Banane schälen und in Scheiben schneiden.

4. Das Öl im Wok erhitzen, die Mandeln darin unter Rühren anrösten, wieder herausnehmen.

5. Den Lauch anbraten, dann das Currypulver darüberstäuben und anschwitzen. Den Reis hineinrühren, die Früchte daruntermischen und kurz mit erwärmen. Zum Servieren die Mandeln darüberstreuen.
(auf dem Foto: oben)

Reiscurry mit Okraschoten

- Zubereitungszeit: ca. 3/4 Std.
- ca. 420 kcal je Portion
- Dazu paßt kühles Bier

1/4 l Gemüsebrühe
125 g Langkornreis
200 g Okraschoten
Salz
1 EL Essig
1 Zwiebel
2 EL Öl
2 zerdrückte Knoblauchzehen
2 TL feingehackter Ingwer
1–2 EL Currypulver
2 Zweige Minze
150 g Vollmilchjoghurt
frisch gemahlener schwarzer Pfeffer

1. Die Brühe aufkochen, den Reis darin zugedeckt bei milder Hitze ausquellen lassen.

2. Von den Okraschoten den zarten Flaum abreiben, Spitzen und Stielansätze abschneiden. Wasser mit Essig und Salz zum Kochen bringen, die Okras darin etwa 5 Minuten garen, dann abtropfen lassen.

3. Die Zwiebel klein würfeln. Das Öl im Wok erhitzen, die Zwiebel, den Knoblauch und den Ingwer darin anbraten. Mit Currypulver bestreuen, dann die Okraschoten und den Reis daruntermischen, unter Rühren kurz braten.

4. Die Minze fein hacken, mit dem Joghurt verrühren, mit Salz und Pfeffer abschmecken. Zum Reis servieren.
(auf dem Foto: unten)

Pilzreis mit Eiern

- Zubereitungszeit: ca. 3/4 Std.
- Einweichzeit: ca. 20 Min.
- ca. 460 kcal je Portion
- Dazu passen gebratene Paprikawürfel

10 g getrocknete Mu-Err-Pilze
1/8 l Gemüsebrühe
2 EL Sojasauce
1 EL Austernsauce
frisch gemahlener schwarzer Pfeffer
125 g Tofu
125 g Langkornreis
Salz
1 Bund Frühlingszwiebeln
3 Eier

1. Die Pilze abbrausen und in wenig warmem Wasser etwa 20 Minuten einweichen. Die Gemüsebrühe mit Soja- und Austernsauce sowie mit Pfeffer verquirlen. Den Tofu klein würfeln und darin wenden.

2. Den Reis in reichlich leicht gesalzenem Wasser garen. Die Frühlingszwiebeln in feine, schräge Ringe schneiden.

3. Die Pilze kleinschneiden, mit dem Einweichsud und dem marinierten Tofu samt Marinade in den Wok geben und darin aufkochen. Die Frühlingszwiebeln dazugeben, alles kurz aufkochen.

4. Die Eier verquirlen, langsam in die kochende Brühe gießen und unter Rühren stocken lassen.

5. Den Reis abtropfen lassen, mit der Eiermischung anrichten.

Reiskugeln mit Pilzragout

- Zubereitungszeit: ca. 1 1/4 Std.
- Einweichzeit: 20 Min.
- ca. 920 kcal je Portion
- Dazu paßt ein Glas Rosé

300 ml Gemüsebrühe
150 g Kleb- oder Rundkornreis
1 Ei
50 g Emmentaler oder Gouda
etwa 2 EL Semmelbrösel
10 g getrocknete Steinpilze
200 g kleine feste Champignons
2 Frühlingszwiebeln
etwa 1/2 l Öl zum Fritieren
Salz, frisch gemahlener schwarzer Pfeffer
125 g Crème fraîche
3 EL Schnittlauchröllchen

1. Die Brühe aufkochen, den Reis darin zugedeckt bei milder Hitze ausquellen lassen. Das Ei daruntermengen, abkühlen lassen.

2. Den Käse grob würfeln. Aus der Reismasse knödelgroße Kugeln formen, dabei jeweils ein Käsestück in die Mitte geben. In Semmelbröseln wälzen, 1/2 Stunde kalt stellen.

3. Die Steinpilze etwa 20 Minuten in Wasser einweichen. Die Champignons blättrig, die Frühlingszwiebeln in feine Ringe schneiden.

4. Das Öl im Wok erhitzen, die Reisbällchen darin goldbraun fritieren, dann warm halten. Das Öl bis auf 2 Eßlöffel aus dem Wok abgießen, abgetropfte Steinpilze, Champignons und Frühlingszwiebeln kurz anbraten. Mit Salz und Pfeffer würzen, die Crème fraîche darunterrühren. Die Pilze mit den Reisbällchen anrichten, mit Schnittlauch bestreuen.

Gersten-Rotkohl-Pfanne

- Zubereitungszeit: ca. 20 Min.
- ca. 620 kcal je Portion
- Dazu paßt ein Glas Rotwein

1/4 l Gemüsebrühe
125 g Gerstengraupen
125 g kleine Schalotten
1/2 kleiner Rotkohl
3 EL Öl
2 zerdrückte Knoblauchzehen
2 TL getrockneter Majoran
Salz
frisch gemahlener schwarzer Pfeffer
75 g Pecorino-Käse
50 g grüne entsteinte Oliven

1. Die Gemüsebrühe aufkochen, die Gerstengraupen darin zugedeckt bei milder Hitze etwa 10 Minuten garen.

2. Inzwischen die Schalotten halbieren oder vierteln und den Rotkohl in feine Streifen schneiden oder hobeln.

3. Das Öl im Wok erhitzen, die Schalotten und den Knoblauch darin anbraten. Den Rotkohl darunterheben und einige Minuten unter Rühren mitbraten. Mit Majoran, Salz und Pfeffer würzen, die Gerste daruntermischen, alles unter Rühren noch 4 bis 5 Minuten braten.

4. Den Käse klein würfeln, die Oliven halbieren. Beides unter den Kohl mischen, alles gut durchrühren und pikant abschmecken.
(auf dem Foto: oben)

Quinoa mit Möhren und Kohlrabi

- Zubereitungszeit: ca. 1/2 Std.
- ca. 680 kcal je Portion
- Dazu paßt ein Glas Weißwein

1/4 l Gemüsebrühe
125 g Quinoa (»Inkagetreide«)
250 g Möhren
1 Kohlrabiknolle mit zartem Grün
1 feste Birne
2 TL Zitronensaft
1 Zwiebel
3 EL Öl
frisch gemahlener schwarzer Pfeffer
gemahlener Koriander
75 g Mascarpone
2 EL grob gehackte Kürbiskerne

1. Die Brühe aufkochen, die Quinoakörner darin zugedeckt bei milder Hitze etwa 10 Minuten leicht köcheln lassen.

2. Die Möhren und die Kohlrabiknolle in feine Streifen schneiden, das Kohlrabigrün hacken. Die Birne ohne das Kerngehäuse ebenfalls fein schneiden, mit Zitronensaft beträufeln.

3. Die Zwiebel klein würfeln. Das Öl im Wok erhitzen, die Zwiebel darin anbraten. Die Möhren- und die Kohlrabistreifen unter Rühren etwa 3 Minuten mit anbraten, mit Pfeffer und Koriander würzen.

4. Das Quinoa und die Birnenstreifen daruntermischen, alles kurz unter Rühren braten. Abschmecken und mit je einem Klecks Mascarpone sowie mit dem Kohlrabigrün und den Kürbiskernen bestreut servieren.
(auf dem Foto: unten)

Zischender Reis mit Gemüsesauce

- Zubereitungszeit: ca. 1 1/2 Std.
- ca. 530 kcal je Portion
- Dazu paßt eine Tasse Tee

150 g Langkornreis
Salz
etwa 1/2 l Öl
2 Frühlingszwiebeln
2 kleine Möhren
200 g Broccoli
2 feingehackte Knoblauchzehen
2 TL feingehackter Ingwer
4 EL Sojasauce
Szetschuanpfeffer oder Cayennepfeffer
1 EL Speisestärke
350 ml Gemüsebrühe

1. Den Backofen auf 200 °C vorheizen. Den Reis in leicht gesalzenem Wasser garen, dann abtropfen lassen. Gut 1/2 cm dick in eine leicht eingeölte feuerfeste Form geben, im Backofen etwa 1 Stunde backen und trocknen. Inzwischen die Frühlingszwiebeln und die Möhren in feine Stifte schneiden. Den Broccoli kleinschneiden.

2. 2 Eßlöffel Öl im Wok erhitzen, Knoblauch, Ingwer und das Gemüse darin anbraten, mit Sojasauce und Pfeffer würzen. Die Speisestärke mit Brühe glattrühren, in den Wok gießen, alles 3 bis 4 Minuten aufkochen, herausnehmen und warm halten.

3. Den Reiskuchen aus dem Ofen nehmen. Den Wok mit Küchenpapier auswischen, das restliche Öl darin erhitzen. Den Reiskuchen grob zerbrechen und portionsweise ausbacken. Zum Servieren die Gemüsesauce darübergeben, dabei entsteht ein zischendes Geräusch.

EINFACH GUT

Jeder Titel mit 64 Seiten, ca. 50 Farbfotos, kartoniert.

DM 9,80, S 79,–, SFr 10,80
ISBN: 3-8068-**1349**-3

DM 9,80, S 79,–, SFr 10,80
ISBN: 3-8068-**1299**-3

DM 9,80, S 79,–, SFr 10,80
ISBN: 3-8068-**1289**-6

DM 9,80, S 79,–, SFr 10,80
ISBN: 3-8068-**1291**-8

DM 9,80, S 79,–, SFr 10,80
ISBN: 3-8068-**1290**-X

DM 9,80, S 79,–, SFr 10,80
ISBN: 3-8068-**1346**-9

In der Reihe EINFACH GUT sind ebenfalls erschienen:

Cocktails und Drinks
ISBN: 3-8068-**1292**-6

Nudelgerichte
ISBN: 3-8068-**1293**-4

Rezepte für 1 Person
ISBN: 3-8068-**1294**-2

Aufläufe
ISBN: 3-8068-**1295**-0

Waffeln
ISBN: 3-8068-**1296**-9

Kartoffelgerichte
ISBN: 3-8068-**1297**-7

Fondues
ISBN: 3-8068-**1298**-5

Braten auf dem heißen Stein
ISBN: 3-8068-**1300**-0

Gemüsegerichte
ISBN: 3-8068-**1347**-7

Geflügelgerichte
ISBN: 3-8068-**1348**-5

Rezepte für Tisch- und Gartengrill
ISBN: 3-8068-**1351**-5

Pizza
ISBN: 3-8068-**1352**-3

Jeder Titel **DM 9,80,** S 79,–, SFr 10,80

Rezeptverzeichnis

Dieses Buch gehört zu einer Kochbuchreihe, die die beliebtesten Themen aus dem Bereich Essen und Trinken aufgreift. Fragen Sie Ihren Buchhändler.

Die Deutsche Bibliothek – CIP-Einheitsaufnahme

Vegetarisches aus dem Wok / Angelika Ilies. – Niedernhausen/Ts. : FALKEN, 1993
(Einfach gut)
ISBN 3-8068-1412-0
NE: Ilies, Angelika

ISBN 3 8068 1412 0

Umschlaggestaltung: Peter Udo Pinzer
Titelbild: TLC-Foto-Studio GmbH, Velen-Ramsdorf (Rezept »Bunte Gemüsepfanne«, Seite 28)
Fotos: Seite 5 TLC-Foto-Studio GmbH, Velen-Ramsdorf; alle anderen Fotos: Studio R. Schmitz, München
Produktion: VerlagsService Dr. Helmut Neuberger & Karl Schaumann GmbH, Heimstetten
Satz: Fotosatz Völkl, Puchheim
Druck: Ludwig Auer GmbH, Donauwörth

817 2635 4453 6271